AF224053

CONSEIL GÉNÉRAL

RAPPORT

DE LA

COMMISSION DÉPARTEMENTALE

SUR LE PROJET DE BUDGET

PRÉSENTÉ PAR M. LE PRÉFET POUR L'ANNÉE 1889

CONSTANTINE

IMPRIMERIE ADOLPHE BRAHAM, RUE DU PALAIS, 2

1888

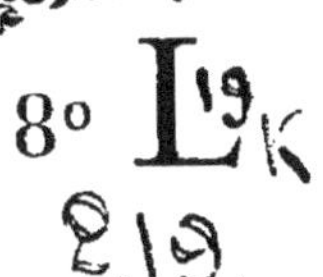

RAPPORT

DE LA

COMMISSION DÉPARTEMENTALE

SUR LE PROJET DE BUDGET

présenté par M. le Préfet pour l'année 1889

MESSIEURS,

Aux termes du paragraphe 2 de l'art. 79 du décret du 23 septembre 1875, la Commission départementale doit, à l'ouverture de la session d'octobre, présenter au Conseil général, dans un rapport sommaire, ses observations sur le budget proposé par le Préfet.

Conformément à cette prescription, nous avons l'honneur de déposer ce rapport sur le bureau du Conseil.

RECETTES ORDINAIRES

Article premier. — *Produit des centimes additionnels au principal fictif de l'impôt foncier sur les propriétés bâties.*

L'augmentation de 54,000 fr. que présente cet article sur celui de l'exercice précédent ne peut donner lieu de notre part à aucune observation, car elle résulte d'un décret en date du 9 août dernier. Nous devons cependant vous faire remarquer que, par suite de cette mesure, le crédit de 19,000 fr. qui était inscrit chaque année au Sous-chapitre XV pour entretien de boursiers à l'école normale de Constantine, disparaît.

Art. 2. — *Part revenant au Département sur le produit de l'impôt arabe.*

M. le Préfet vous propose de porter cette prévision au chiffre de 2,500,000 fr. soit une diminution de 300,000 fr. sur l'exercice précédent.

Nous regrettons de ne pas être, en cette circonstance, du même avis que M. le Préfet et nous vous proposons de maintenir au chiffre de 2,800,000 fr. cette évaluation de recette.

Nous nous servirons pour appuyer notre demande de maintien du crédit de 2,800,000 fr. des paroles prononcées par M. le Préfet lui-même, dans la séance du 8 octobre 1887 (*voir* vol. octobre 1887, page 225), qui rendent exactement la pensée de la Commission départementale.

« M. le Préfet croit qu'il faut prévoir une diminution « dans les plus-values ou même leur disparition momen- « tanée, mais l'Administration ne s'étant jamais laissée « illusionner par les plus-values et ayant toujours main- « tenu au budget une prévision réduite à 2,800,000 fr. « n'est exposée à aucune déception, car ce chiffre sera « toujours atteint, à moins d'un désastre imprévu. »

Nous vous ferons, en outre, observer que les plus-values de l'impôt arabe se sont élevées pendant les trois derniers exercices :

> à 618,572 fr. 96 c. en 1885.
> 655,292 fr. 25 c. en 1886.
> 645,307 fr. 74 c. en 1887.

Nous ajouterons que l'observation de M. le Préfet disant que les ensemencensements seront sensiblement diminués nous paraîtrait fort juste, si le Département n'avait pris les mesures nécessaires pour parer à cette situation et ne pas laisser diminuer sa richesse agricole. Vous savez tous, Messieurs, que la Banque va nous prêter une somme de 3,500,000 fr. qui sera distribuée entre toutes les communes pour être affectée aux ensemencements. Tout fait donc espérer que la situation critique que nous traversons actuellement cessera bientôt et que le Département reprendra incessamment sa marche en avant.

Il faut également remarquer qu'une partie seulement du Département a été atteinte par le fléau et que dans diverses régions les récoltes ont été fort belles.

En résumé, Messieurs, pleins de confiance dans l'avenir, nous vous proposons de maintenir à 2,800,000 fr. la prévision de la part revenant au Département sur le produit de l'impôt arabe et sans crainte d'être taxés de témérité nous vous prédisons que vous aurez une plus-value sur ce chiffre, moins importante que celle des années précédentes, cela c'est certain, mais encore très appréciable.

Les autres articles du budget des recettes ne donnent lieu de notre part à aucune observation. Les sommes prévues sont, à peu de chose près, les mêmes que celles de l'exercice précédent.

Si vous acceptiez nos propositions le total général des recettes s'élèverait à 5,001,030 fr. 95 cent.

DÉPENSES OBLIGATOIRES

CHAPITRE PREMIER

Art. 4. — *Réparations locatives. — Entretien et éclairage des Sous-Préfectures.*

Guelma	400 »	
Sétif	400 »	
Bougie	400 »	1.600 »
Batna	400 »	

Nous vous proposons de fixer à 400 fr., d'une manière uniforme, le crédit qui sera affecté à chaque sous-préfecture pour les réparations locatives, l'entretien et l'éclairage. On s'explique difficilement qu'une somme supérieure soit nécessaire pour cette affectation dans les sous-préfectures de Guelma et de Bougie, lorsqu'elle est suffisante à Batna et à Sétif.

Art. 5. — *Achat et entretien du mobilier de l'Hôtel de Préfecture.*

C'est par suite d'une erreur que le montant de ce sous-chapitre s'élève à 5,900 fr.. Il doit être rétabli de la façon suivante, indiquée par vous l'an dernier :

Acquisition	1.000	»
Entretien	2.000	»
Entretien du mobilier du Conseil général et de la Commission départementale	300	»
Entretien du mobilier du Secrétariat général	600	»

3.900 »

Art. 6. — *Achat de meubles et entretien des Sous-Préfectures.*

Une augmentation de 2,400 fr. est demandée en faveur de la sous-préfecture de Bougie. M. le Préfet ayant annoncé qu'il fournira un rapport spécial à ce sujet, la Commission départementale ne peut se prononcer avant la production de ce document.

Art. 10. — *Entretien des casernes appartenant au Département.*

L'examen de cet article du budget nous a permis de constater que des sommes très variables étaient demandées pour des casernes construites depuis la même époque, dans le même style et habitées par le même nombre de gendarmes. Il en résulte chaque année, lors du vote de cet article du budget, une discussion entre plusieurs Conseillers qui s'étonnent de voir tel immeuble mieux doté que tel autre.

Afin d'éviter le retour des errements du passé, nous vous proposons la répartition suivante que nous croyons établie avec la plus grande équité.

Circonscription de Constantine

Aïn-Abid (Caserne en très mauvais état)	800	»
Aïn-M'lila	400	»
Aïn-Amara	400	»
Aïn-Tagrout	400	»
Aïn-Yagout	400	»
Batna	700	»
Bordj-bou-Arréridj	600	»
A reporter	3.700	»

	Report..	3.700	»
Constantine.		2.000	»
Condé-Smendou		400	»
Kerrata		400	»
Khenchela		400	»
Mila.		400	»
Oued-Atménia		400	»
Ouled-Rahmoun		400	»
Rouffach		400	»
Saint-Arnaud		400	»
Saint-Donat		400	»
Sétif		1.000	»
Total		10.300	»

Circonscription de Bône

Aïn-Amara	400	»
Aïn-Beïda	400	»
'Aïn-Mokra	400	»
Bône	1.000	»
Duvivier	400	»
Guelma	700	»
Mondovi	400	»
Oued-Cham	400	»
Oued-Zénati	400	»
Penthièvre	400	»
Total	4.900	»

Circonscription de Philippeville

Akbou	400	»
Bougie	600	»
Collo	400	»
El-Arrouch	400	»
El-Kseur	400	»
El-Milia	400	»
Gastu	400	»
Jemmapes	400	»
Sidi-Aïch	400	»
Stora	400	»
Total	4.400	»

Nous vous proposons la suppression du crédit de 200 fr. prévu pour la caserne de Mansourah, cette caserne n'étant pas encore habitée.

Vous remarquerez, Messieurs, qu'en adoptant la répartition que nous avons l'honneur de vous proposer, vous réaliserez une économie de 700 fr.

Art. 12. — *Eclairage des casernes et renouvellement des drapeaux placés sur ces bâtiments.*

Pour les mêmes raisons que nous venons d'indiquer à l'art. 10, nous vous proposons la répartition suivante :

Circonscription de Constantine

Constantine	450	»
Batna	100	»
	550	»

Circonscription de Bône

Bône	450	»
Souk-Ahras	100	»
Penthièvre	100	»
	650	»

Circonscription de Philippeville

Philippeville	450	»
Jemmapes	75	»
El-Arrouch	75	»
Gastu	75	»
Collo	75	»
El-Milia	75	»
Stora	75	»
Bougie	75	»
Djidjelli	75	»
Akbou	75	»
El-Kseur	75	»
Sidi-Aïch	75	»
	1 275	»

Vous remarquerez, Messieurs, que nous vous proposons pour cette année la suppression du crédit affecté au renouvellement des drapeaux. Ce crédit figure depuis plusieurs années au budget et tout nous porte à croire que les drapeaux peuvent avoir une durée de deux ans.

Pour expliquer l'augmentation que nous vous proposons en faveur de certaines gendarmeries pour lesquelles il n'était antérieurement prévu à l'article de l'éclairage qu'un crédit de 30 ou 40 fr., il est utile que nous vous disions que cette somme était insuffisante et que le supplément nécessaire était pris sur le crédit d'entretien.

Nous avons à l'article 10 ci-dessus, modifié les crédits d'entretien et par corrélation nous avons dû opérer de la même façon pour les crédits destinés à l'éclairage.

En adoptant la répartition que nous avons l'honneur de vous proposer, une économie de 525 fr. sera réalisée.

Art. 13. — *Entretien des bâtiments occupés par les Tribunaux.*

Nous vous proposons, Messieurs, la répartition suivante :

Constantine	1.500	»
Bône	1.500	»
Philippeville	1.000	»
Sétif	1.000	»
	5.000	»

De grosses réparations viennent d'être exécutées au tribunal de Constantine et dans ces conditions, une somme de 1,500 fr. paraît suffisante pour son entretien. Economie, 600 francs.

Art. 17. — *Menues dépenses des Cours d'Assises et Tribunaux :*

La Commission départementale à vainement cherché les motifs pour lesquels le crédit des menues dépenses est plus élevé en faveur de certains tribunaux que pour d'autres. Ainsi, Constantine reçoit 4,100 fr., alors que 2,500 fr. sont suffisants pour Bône. Le service à assurer est cependant à peu près semblable, les immeubles sont de même importance et la Cour d'assises siège dans chacune de ces localités.

Nous vous demanderons donc de fixer d'une façon uniforme à 2,000 fr. le crédit des menues dépenses des Tribunaux, somme qui sera augmentée de 500 fr. pour Constantine et Bône, en raison des sessions d'Assises.

Nous vous proposons donc la répartition suivante :

Tribunal de 1re instance de Constantine		2.000	»
—	de Bône	2.000	»
—	de Boûgie	2.000	»
—	de Philippeville	2.000	»
—	de Sétif	2.000	»
	A reporter	10.000	

Report.....	10.000	))
— de Guelma	2.000	))
— de Batna.........	2.000	))
Tribunal de commerce de Constantine....	400	))
— de Bône..........	400	))
Cour d'Assises de Constantine...........	500	))
— de Bône.................	500	))
	15.800	))

En acceptant cette répartition, vous réaliseriez une économie de 3,400 fr.

Art. 18. — *Menues dépenses des Justices de paix.*

Cet article nous a paru présenter la même anomalie que les répartitions précédentes. Ainsi, nous avons été surpris de voir dans le même arrondissement, celui de Sétif, par exemple, les Justices de paix de Mansourah, Ksar-el-Thir, etc., recevoir un crédit de 300 fr. pour leurs menues dépenses, tandis que 150 fr. seulement étaient accordés à la Justice de paix du chef-lieu.

Même en tenant compte du surcroît de travail imposé à certains Juges de paix, en raison de la compétence étendue de leur tribunal, nous avons trouvé cette répartition insuffisamment équilibrée et nous avons l'honneur de vous proposer la suivante :

Arrondissement de Constantine

Aïn-M'lila	200	))
Châteaudun-du-Rhumel	200	))
Condé-Smendou	200	))
Constantine...............	200	))
El-Milia	250	))
Fedj-M'zala................	200	))
Khroub	200	))
Mila	200	))
Oued-Athménia	200	))
	1.850	))

Arrondissement de Bône

Aïn-Mokra	200	))
Bône	200	))
Duvivier..............	200	))
La Calle	200	))
Mondovi...............	200	))
Morris	200	))
	1.200	))

Arrondissement de Philippeville

Collo	250	»
El-Arrouch	200	»
Jemmapes	200	»
Philippeville	200	»
	850	»

Arrondissement de Bougie

Akbou	250	»
Bougie	200	»
Djidjelli	250	»
Guergour	250	»
El-Kseur	250	»
Takitount	250	»
	1.450	»

Arrondissement de Sétif

Bordj-bou-Arréridj	250	»
Ksar-el-Thir	250	»
Mansourah	250	»
Sairt-Arnaud	200	»
Sétif	200	»
	1.150	»

Arrondissement de Batna

Batna	200	»
Biskra	200	»
Khenchela	200	»
	600	»

Arrondissement de Guelma

Aïn-Beïda	200	»
Guelma	200	»
Oued-Zénati	200	»
Souk-Ahras	200	»
Tébessa	200	»
	1.000	»

En acceptant notre répartition, vous réaliserez, Messieurs, une économie de 1,100 fr.

Art. 19. — *Concierges et chaouchs des Tribunaux et des Justices de paix.*

Notre examen nous a permis de constater qu'il y avait un chaouch par Justice de paix, nous ne présenterons donc aucune observation à ce sujet, mais, nous avons tenu à placer sous vos yeux le nombre de chaouchs et de concierges que l'on trouve dans les Tribunaux. Sans vous faire aucune proposition à ce sujet, nous avons l'honneur de vous fournir les indications suivantes :

Il y a dans le département de Constantine 7 tribunaux de 1re instance et 2 tribunaux de commerce, soit au total 9 tribunaux.

Pour assurer le service de ces différents tribunaux, le personnel suivant est employé :

$$
\begin{array}{rl}
2 & \text{concierges de 1re classe} \\
11 & \text{— ou chaouchs de 2e classe} \\
7 & \text{— — de 3e classe} \\
1 & \text{concierge non classé}
\end{array}
$$

soit au total 21, occassionnant une dépense de 20,500 fr.

Il vous appartient de juger, Messieurs, si vous ne trouvez pas ce personnel trop considérable et s'il n'y aurait pas lieu de le réduire.

Les autres articles du sous-chapitre Ier non mentionnés dans ce rapport, ne donnent lieu de notre part à aucune observation.

SOUS-CHAPITRE II

Article premier. — *Entretien des prisons civiles.*

Votre Commission vous propose d'approuver la répartition qui vous est présentée par M. le Préfet, sauf en ce qui concerne le crédit de la prison de Sétif que nous vous proposons de réduire à 500 fr. une somme de 2,000 fr. ayant été votée au mois d'avril pour grosses réparations à exécuter dans cet immeuble.

Soit une économie de 700 francs.

Art. 2. — *Réparation des dégâts causés à l'Hôtel de Préfecture par l'explosion de gaz du 19 avril 1887.*

Nous croyons absolument indispensable de réparer immédiatement les dégâts causés par l'explosion de gaz du 19 avril 1887. Nous aurions même désiré que ces réparations soient exécutées plus tôt, surtout celles relatives à la menuiserie et aux glaces des croisées du boulevard du Nord. Depuis plus de dix-huit mois, les salles de fêtes ne sont qu'insuffisamment garanties contre les intempéries et le mobilier luxueux qui meuble ces pièces a forcément souffert de cette situation.

Nous vous prions donc de décider que les 8,111 fr. 35 actuellement versés par les Compagnies d'assurances seront employés d'urgence aux travaux de menuiserie et à la fourniture et pose des glaces et de stipuler également que ces fournitures et travaux feront l'objet d'adjudications spéciales.

Art. 3. — *Construction de la caserne de gendarmerie et de la prison de Philippeville.*

A votre dernière session, M. l'Ingénieur en chef des Ponts et Chaussées de la circonscription de Philippeville vous a fait connaître que par suite des omissions et des erreurs contenues dans le projet Pierlot, il fallait s'attendre à un grand dépassement sur ces travaux. Il a, en outre, été nécessaire, les crédits inscrits au budget ne permettant plus de mener de front les travaux de la prison et de la caserne de gendarmerie, d'interrompre ceux de la prison et de continuer seulement ceux de la caserne.

Nous vous proposons donc, Messieurs, de maintenir la décision que vous avez prise dans votre séance du 26 juin dernier, tendant à finir de suite les travaux de la caserne de gendarmerie, afin de pouvoir y installer les gendarmes avant la fin du bail passé avec le sieur Daniel, dont le prix est de 8,000 fr. par an.

Art. 6. — *Agrandissement de la caserne de gendarmerie d'Aïn-Rouah.*

Dans votre séance du 10 avril dernier, vous avez émis un avis favorable à une proposition présentée par le Conseil municipal de la commune mixte d'Aïn-Rouah, qui vous proposait de vous céder sa maison d'école pour agrandir la caserne de gendarmerie, moyennant le paiement par le Département d'une subvention de 12,000 fr.

La commune s'engageait, en outre, à renoncer au loyer annuel de 1,000 fr. qui lui est payé à titre de location.

MM. les Ingénieurs, consultés, ont déclaré que cette proposition était avantageuse et qu'il y avait lieu de l'accepter.

Aujourd'hui, l'on vous présente un projet d'aménagement dont le montant s'élève à 14,000 fr., lesquels, joints aux 12,000 fr. à payer à la commune à titre de subvention, donnent un total de 26,000 fr.

Nous croyons, Messieurs, que l'affaire se présente, dans ces conditions, sous un jour beaucoup moins avantageux que précédemment et nous ne voyons pas l'intérêt que trouverait le Département à payer 26,000 fr. pour subvention à accorder et travaux à exécuter dans un immeuble communal, alors que pour le même prix, il peut faire édifier une caserne qui lui appartiendra.

Nous vous proposons donc de revenir sur votre décision précitée et de rejeter la demande formulée par la commune d'Aïn-Rouah.

Articles 4, 5, 7 et 8. — Des crédits vous sont demandés à ces divers articles pour construction de casernes de gendarmerie.

La Commission départementale n'étant pas en puissance des rapports annoncés par M. le Préfet et qui vous seront soumis, ne peut présenter, à leur sujet, aucune observation.

Art. 9. — *Grosses réparations aux casernes de gendarmerie.*

CASERNE D'AÏN-TAGROUT :

Nous n'avons pas sous les yeux le projet qui vous sera soumis par M. le Préfet, mais nous ne pouvons nous empêcher de trouver exagéré le chiffre de 7,000 fr. qui est demandé pour assurer le logement d'un gendarme. Nous appelons votre attention sur ce point.

CASERNE D'EL-MILIA :

La caserne de gendarmerie d'El-Milia a été livrée au mois de janvier 1887 et aujourd'hui, dix-huit mois après, l'on vous demande 3.000 fr. pour grosses réparations.

Il y a, dans cette situation, un point à éclaicir, car il est inadmissible qu'après si peu de temps, de grosses réparations soient déjà nécessaires.

Nous plaçons, du reste, sous vos yeux, votre délibération en date du 13 mai 1887, relative à cette affaire et nous vous prions de prendre encore aujourd'hui une décision dans le sens de celle indiquée à cette époque, en invitant M. le Préfet de vouloir bien fournir, pour la prochaine session, le rapport demandé :

« Messieurs,

« Votre 2ᵉ Bureau s'étonne que l'Administration puisse
« présenter une pareille demande sans avoir, au préala-
« ble, indiqué à qui incombe la responsabilité des faits
« signalés. L'Administration se contente de constater les
« malfaçons et de demander les fonds pour les répara-
« tions. Nous ne saurions trop nous élever contre ces
« procédés qui tendraient à faire considérer le Départe-
« ment comme taillable et corvéable à merci. Votre 2ᵉ
« Bureau vous propose, avant toute allocation, d'inviter
« M. le Préfet à rechercher les responsabilités pour les
« faire supporter à qui de droit. »

Nous vous proposons en conséquence, le rejet de ce
crédit.

Art. 10. — *Grosses réparations aux prisons.*

Chaque année, des crédits importants vous sont demandés pour grosses réparations aux prisons.

Ainsi, l'année dernière, la prison de Sétif, qui est por-
tée cette année pour un crédit de 330 fr., était déjà ins-
crite pour 500 fr. En avril dernier, un crédit de 2,170 fr.
a été voté pour la réfection des planchers de ce même
immeuble. Un crédit de 1,200 fr. est, en outre, inscrit an-
nuellement au budget départemental pour l'entretien de ce
bâtiment.

A Constantine, un crédit de 5,000 fr. a été accordé en
octobre 1885 pour grosses réparations. Chaque année, un
crédit de 4,500 fr. est prévu pour l'entretien. Cette somme
de 4,500 fr. nous paraît amplement suffisante pour faire
face à l'entretien et aux réparations à effectuer dans l'immeuble.

Nous vous présentons la même observation au sujet de
Sétif et nous vous proposons de supprimer les deux crédits demandés de 2,300 fr. pour Constantine et 330 fr.
pour Sétif et décider que ces sommes seront prélevées sur
les crédits d'entretien.

Art. 14. — *Honoraires des Architectes et des Ingé-
nieurs.*

Nous vous proposons de réduire ce crédit à 14,000 fr.,
cette somme étant suffisante pour payer les honoraires
correspondant aux travaux indiqués dans les propositions
que nous avons l'honneur de vous présenter.

Art. 16. — *Chauffage et éclairage.*

Nous vous proposons le rejet pur et simple de la demande d'augmentation de 1,000 fr. qui vous est soumise par M. le Préfet, et nous avouons que nous ne nous expliquons nullement l'intervention du Département dans les dépenses d'éclairage du Palais de la Division.

SOUS-CHAPITRE III

———

Routes départementales

Les crédits qui vous sont proposés par M. le Préfet présentent des diminutions sur les propositions de MM. les Ingénieurs et ne donnent lieu, de notre part, à aucune observation.

Nous avons tenu cependant à appeler votre attention sur la large part attribuée aux cantonniers dans la repartion de ces crédits.

Ainsi, sur la route n° 1, la dépense prévue est de........ 78.000 et l'on vous demande pour les cantonniers 9.500 »

Route n° 2 .	140 000	Id.	36.300 »
— 3..	114.500	Id.	23 000 »
— 4..	74.500	Id.	21.000 »
— 5..	70.500	Id.	8 000 »
	478.000		97.800 »

Ainsi pour 478,000 fr. de travaux d'entretien, on vous demande 97,800 fr. pour les cantonniers, c'est-à-dire un peu plus du cinquième de la dépense.

Ils vous appartient, Messieurs, d'apprécier si cette proportion ne vous paraît pas excessive. Des renseignements dont nous nous sommes entouré il résulte que la proportion de la main-d'œuvre est généralement de 10 pour cent pour les travaux d'entretien. Il y a donc de ce chef, si vous entriez dans nos vues, une économie de près de 50,000 fr. à réaliser.

SOUS-CHAPITRE IV

———

Chemins vicinaux

Nous vous présentons pour les chemins de grande com-

N° des articles	DÉSIGNATION DES CHEMINS	Subvention départementale		Contingents communaux		TOTAUX	
		Entretien	Travaux neufs	Entretien	Travaux neufs	Entretien	Travaux neufs
1	N° 1, de Guelma à Khenchela par Aïn-Beïda	» »	» »	90 000 »	16 000 »	90 000 »	16.000 »
2	N° 2, de Constantine à Djidjelli par Fdoulès	» »	15 000 »	116.000 »	» »	116.000 »	15.000 »
3	N° 3, de Bougie aux Beni-Mançour.	14.012 40	» »	75.987 60	» »	90 000 »	» »
4	N° 4, de Tébessa à La Calle par Souk-Ahras	» »	» »	35.103 70	14 632 20	35.103 70	14.632 20
5	N° 5, de Djidjelli à Batna par Fdoulès et St-Arnaud . .	» »	» »	31.000 »	63.918 85	31.000 »	63.918 85
6	N° 6, du pont de l'Oued-el-Kebir à Collo par Jemmapes .	28.899 82	» »	46.100 18	39.980 02	75.000 »	39.980 02
7	N° 7, de Souk-Ahras à Sedrata par Tifech. . . .	8.797 50	» »	1.202 50	» »	10.000 »	» »
8	N° 8, de M'sila à Tazmalt par Bordj-bou-Arréridj. . .	» »	» »	39.000 »	106 698 05	39.000 »	106.698 05
9	N° 9, de Philippeville à Djidjelli par Tamalous et El-Milia.	» »	» »	43.105 30	57.151 80	43 105 30	57.151 80
10	N° 10, d'Aïn-Beïda à l'Oued-Zénati par Temlouka. . .	» »	» »	52.500 »	» »	52.500 »	» »
11	N° 11, de Sétif à Aïn-Touta par le Bou-Taleb et Barika .	» »	» »	40.000 »	56.566 95	40.000 »	56.566 95
12	N° 12, de Philippeville à l'Oued-el-Aneb par le Filfila .	23.183 45	» »	6.816 55	» »	30.000 »	» »
13	N° 13, de l'Oued-Kebir aux Dunes de Morris	20.998 72	» »	9 001 28	» »	30.000 »	» »
14	N° 14, de Bouhira à Méroua par l'Oued-Hallaba . . .	» »	» »	30 000 »	» »	30.000 »	» »
15	N° 15, de Bougie à Sétif par les caravansérails. . .	» »	» »	50.500 »	58.582 05	50.500 »	58.582 05
16	N° 16, de Bône à Takouch par Bugeaud	10.000 »	» »	6.636 45	» »	16.636 45	» »
17	N° 17, de Milah à la gare de l'Oued-Seguin	4.335 55	» »	15.664 45	» »	20.000 »	» »
18	N° 18, du Hamma à El-Milia	» »	» »	14.000 »	47.224 »	14.000 »	47.224 »
19	N° 19, de Guelma à Souk-Ahras	» »	» »	33.349 18	27.302 95	33.349 18	27.302 95
20	N° 20, de Batna à Tébessa par Khenchela. . . .	» »	» »	33.967 25	86.141 50	33.967 25	86.141 50
21	N° 21, de l'Oued-Amizour à Tizi-Ouzou par El-Kseur. .	» »	» »	15.000 »	23.300 »	15.000 »	23.300 »
22	N° 22, de Bône au Cap de Garde par le Fort-Génois . .	» »	» »	12.000 »	» »	12.000 »	» »
23	N° 23, de Sétif à Akbou par Bouhira	» »	» »	15.000 »	59.981 70	15.000 »	59.981 70
24	N° 24, de Constantine à El-Guerrah par Guettar-el-Aïch.	» »	» »	14.997 15	5.058 25	14.997 15	5.058 25
25	N° 25, de l'Oued-Deheb à Milah par le Ferdjioua . .	» »	» »	30 000 »	» »	30.000 »	» »
»	N° 26, de Batua à Aïn-Beïda	» »	» »	» »	» »	» »	» »
26	N° 27, du Khroub à l'Oued-Zénati par El-Aria.	» »	» »	7.000 »	» »	7.000 »	» »
27	N° 28, de Stora à Collo	1.607 »	» »	2.393 »	» »	4.000 »	» »
28	N° 29, de Bougie à Djidjelli	» »	» »	7.000 »	10.860 25	7.000 »	10.860 25
29	N° 30, de Souk-Aharas au Kef	» »	» »	10.000 »	22.224 40	10.000 »	22.224 40
30	N° 31, de Biskra à El-Amri	» »	» »	6.200 »	» »	6.200 »	» »
31	N° 32, de Biskra à Médina	» »	» »	674 40	» »	674 40	» »
32	N° 33, d'El-Arrouch à l'Oued-Zénati	5.000 »	» »	8.200 »	» »	13.200 »	» »
33	N° 34, de Bougie à Taourirt-Ighil par les crêtes . .	» »	» »	2.475 »	10.000 »	2.475 »	10.000 »
34	N° 35, de Sétif à Seggana par N'gaous	» »	» »	25.000 »	36.563 55	25.000 »	36.563 55
»	N° 36, de Bône à Djidjelli par Valée, Damrémont et Saint-Antoine.	» »	» »	» »	» »	» »	» »
35	N° 37, d'Oum-Teboul à Tabarka.	1.500 »	» »	» »	» »	1 500 »	» »
36	N° 38, de Ras-el-Oued à Aïn-Tagrout par la station de Tixter	» »	23.704 05	» »	25.688 60	» »	49.392 65
37	N° 39, d'El-Milia à Collo.	5.000 »	» »	15.000 »	» »	20.000 »	» »
38	N° 40, de Ras-el-Aïoun à Seriana	» »	» »	» »	25.891 »	» »	25.891 »
39	N° 41, de la vallée de l'Oued-el-Abiod à Batna par El-Arris, Bahli, Oued-Taga et Marcouna	» »	» »	» »	40.817 50	» »	40.817 50
	TOTAUX . . .	123.334 44	38.704 05	940.873 99	834.583 62	1.064.208 43	873.287 67
	TOTAUX GÉNÉRAUX . .	162.038 49		1.775.457 61		1.937.496 10	

munication la même observation que pour les routes départementales relativement à la proportion considérable accordée aux cantonniers dans les dépenses.

Nous avons également constaté que les Ingénieurs varient dans leurs prévisions, au sujet du prix d'entretien du même chemin.

Ainsi, pour le chemin n° 1, de Guelma à Khenchela dont une partie se trouve dans l'arrondissement de Constantine et l'autre dans celui de Bône, M. l'Ingénieur en chef de Bône demande 81,700 fr. pour entretenir 102 kil. soit 800 fr. 98 cent. par kilomètre.

Sur le même chemin, M. l'Ingénieur en chef de Constantine demande 10,000 fr. pour 13 kil., soit 769 fr. 23 par kil. M. l'Ingénieur de Constantine fait donc une économie de 31 fr. 75 cent. par kil. ce qui fait, sur ce chemin qui a 102 kil. à l'état d'entretien, une diminution de dépenses de 3,238 fr. 50 cent.

Nous avons également remarqué que les crédits d'entretien deviennent de plus en plus importants chaque année. Ainsi, prenant pour exemple le même chemin n° 1 que nous citons plus haut, nous voyons qu'en 1885 il était demandé pour son entretien 80.000 fr.; en 1886, 87,450 fr.; en 1888, 95,000 et enfin, en 1889, on vous demande 98,000 francs.

Les demandes de crédit progressent en même temps que le produit des contingents communaux.

La loi faisant une imposition de dépenser sur ces voies de communication toutes les ressources provenant des contingents communaux, nous ne pouvons vous proposer d'économies sur ce sous-chapitre, sauf en ce qui concerne les subventions départementales, mais nous vous demanderons d'affecter les fonds qui sont prévus en trop pour l'entretien, aux travaux neufs.

A cet effet, nous vous proposons la répartition suivante :

(Voir le tableau ci-annexé)

En acceptant la répartition que nous avons l'honneur de vous présenter, vous réaliserez une économie de 33,766 fr. 38 sur les subventions départementales à accorder et tout en votant les sommes suffisantes pour l'entretien des chemins de grande communication vous aurez l'avantage d'augmenter de 16,641 fr. 58 le crédit destiné aux travaux neufs.

Chemins d'intérêt commun

La répartition proposée par M. le Préfet ne donne lieu de notre part à aucune observation.

SOUS-CHAPITRES V, VI, VII, VIII, IX, X.

Ces divers sous-chapitres ne donnent lieu, de notre part, à aucune observation. Les crédits prévus sont les mêmes que pour les exercices précédents et sont indispensables pour assurer la marche des services auxquels ils se rapportent.

SOUS-CHAPITRE XI

Encouragements à l'Agriculture et à l'Industrie

Art. 5. — *Subventions aux sociétés hippiques et autres qui organisent des concours pour encourager l'élevage de la race chevaline*

Dans sa séance du 12 mai 1887, une longue discussion s'est élevée à la suite d'une proposition présentée par M. Dasnières, tendant à l'inscription au budget départemental d'un crédit de 10,000 fr. pour les sociétés de courses. Ce crédit, dont la presque totalité des Conseillers semblait être partisan aurait été immédiatement rétabli si M. le Préfet n'avait demandé le renvoi de ce vote à la session suivante.

La question revient donc entière devant vous, et nous vous prions de la résoudre par l'affirmative en spécifiant d'une façon rigoureuse que des subventions ne seront accordées qu'aux Sociétés qui organisent réellement des concours pour encourager l'amélioration de la race chevaline et accordent des primes aux meilleurs élèves qui leur sont présentés.

SOUS-CHAPITRE XII

Sans observations.

SOUS-CHAPITRE XIII

Art. 5. — *Frais d'impression.*

L'adjudication de l'impression des procès-verbaux du Conseil général et de la Commission départementale vient d'avoir lieu; l'adjudicataire a consenti un rabais de 57 pour cent au lieu de 5 pour cent comme précédemment.

Dans ces conditions, nous croyons que ce crédit doit être non pas réduit de moitié, parce que le chiffre de 18,000 fr. était insuffisant, mais dans les proportions suivantes :

Impression du volume du Conseil général, de la Commission départementale et du Rapport du Préfet..........	8.000	»
Frais de tenue du Conseil général....................	1.000	»
Frais d'impression des budgets....................	1.500	»
Frais d'impression des cartes d'électeurs............	300	»
Impressions diverses.....	1.500	»
Bulletin des Actes de la Préfecture................	1.500	»

13.800 »

Art. 18. — *Fonds de réserve.*

Si vous acceptez dans leur ensemble les propositions que nous avons l'honneur de vous soumettre, le fonds de réserve sera de 436,245 fr. 88 cent.

SOUS-CHAPITRE XV

Art. 7. — *Indemnité de logement et frais de bureau aux Inspecteurs primaires et frais de tournées supplémentaires.*

Dans votre séance du 11 avril dernier, après une observation présentée par M. Bigonet, vous avez décidé que vous examineriez, à votre prochaine session, s'il n'y aurait pas lieu de réduire l'indemnité à accorder aux Inspecteurs primaires.

Nous croyons que cette indemnité. en effet, doit être diminuée, car la somme de 2,000 fr. était suffisante à ces fonctionnaires lorsqu'ils n'étaient que deux pour inspecter le département. Aujourd'hui, ils sont quatre et ont, par conséquent, beaucoup moins de tournées à faire et, par suite, également beaucoup moins de frais de voyage.

Nous vous proposons donc de fixer à 1,200 fr. la subvention à accorder à chaque Inspecteur primaire.

Art. 8. — *Indemnités aux membres de la Commission d'examen des instituteurs.*

Nous vous proposons, Messieurs, de supprimer ce crédit, une somme de 650 fr. étant prévue, à cet effet, au budget de l'Instruction publique.

Art. 22. — *Achat de trousseaux.*

Nous vous proposons de supprimer ce crédit et décider que le prix des trousseaux accordés sera prélevé sur le crédit de 50,000 fr., provenant des quatre centimes spéciaux.

Art. 26. — *Supplément de traitement au Commis principal de l'Inspection académique.*

Nous vous proposons la suppression de ce crédit que rien n'explique et nous vous faisons remarquer que le Commis principal de l'Inspection académique touche déjà, en outre de son traitement, une somme de 500 fr. pour indemnité de logement. (Sous-chap. XV, art. 2).

Art. 24 et 27. — *Subventions aux Professeurs des Collèges communaux et aux Professeurs agrégés.*

Nous vous proposons, Messieurs, la suppression de ces deux crédits.

En votant une somme de 1,000 fr. par agrégé, le Conseil général avait voulu relever le niveau des études et attirer au Lycée de Constantine le plus grand nombre possible de professeurs pourvus de ce diplôme.

Le résultat cherché n'a pas été atteint, car le nombre des professeurs agrégés est inférieur à celui que devrait régulièrement posséder le Lycée.

Nous vous rappellerons, en outre, que les Lycées ne sont plus classés par catégorie et que les traitements sont actuellement personnels aux professeurs.

Comme dernier argument, nous ajouterons que la situation financière du Département ne lui permet plus de faire les énormes sacrifices qu'il consentait depuis plusieurs années pour l'instruction publique, sans en retirer, cependant, tout les résultats qu'il était en droit d'en attendre.

Relativement aux Collèges communaux, il semble de toute équité, si vous supprimez la subvention des agrégés, de rayer également celle attribuée aux professeurs des Collèges de Bône, Philippeville et Sétif, le principe ayant établi ces allocations étant de même nature, c'est-à-dire purement gracieux.

CONCLUSIONS

En résumé, Messieurs, si vous acceptez, dans leur ensemble, les propositions que nous avons l'honneur de vous présenter, la situation du budget départemental sera la suivante :

RECETTES... 5.001.050 95

	DÉPENSES	ÉCONOMIES RÉALISÉES
Sous-chapitre Ier....	201.005 »	8.665 »
— II....	262 716 21	35.230 »
— III ...	655.168 »	» »
— IV ...	2.223.796 96	33.766 38
— V....	62.650 »	» »
— VI...	85.000 »	» »
— VII..	113.050 »	» »
— VII..	» »	» »
— IX...	3.000 »	» »
— X....	34.295 »	» »
— XI...	101.800 »	» »
— XII..	15.000 »	» »
— XIII..	1.097.144 88	4.200 »
— XIV..	» »	» »
— XV..	146 425 »	32.700 »
	5.001.050 95	114.561 38

Nous vous proposons donc, Messieurs, une économie de 114,561 fr. 38 sur le projet de budget qui vous est soumis par M. le Préfet et nos propositions vous donnent, en outre, comme fonds de réserve, au sous-chapitre XIII, article 18, une somme de 436, 245 fr. 88.

Constantine, le 6 octobre 1888.

Le Président de la Commission départementale,
Signé : G. ABADIE.

Les Membres.

L. ABADIE, D. BERTAGNA, DUFOUR,
HAMIDA BEN BADIS.

* 9 7 8 2 0 1 3 4 2 2 5 7 4 *